PRIERE
SVR L'ACROPOLE

PAR

ERNEST RENAN

Compositions de H. Bellery-Desfontaines

GRAVÉES PAR EUGÈNE FROMENT

PARIS

ÉDOUARD PELLETAN, ÉDITEUR

125, BOULEVARD SAINT-GERMAIN, 125

M DCCC XCIX

Réserve
in R. 65.

EXEMPLAIRE IMPRIMÉ

POUR

LA BIBLIOTHÈQUE NATIONALE

CETTE ÉDITION

ÉTABLIE

A

LA GLOIRE

DES

LETTRES FRANÇAISES

POUR

L'EXPOSITION UNIVERSELLE

DE 1900

EST DÉDIÉE

A

MONSIEUR ADOLPHE BORDES

COMME

UN HOMMAGE

RECONNAISSANT

DE

SON DÉVOUÉ

E. P.

PRIÈRE
SUR L'ACROPOLE

PRIERE SVR L'ACROPOLE

PAR

ERNEST RENAN

Compositions de H. Bellery-Desfontaines

GRAVÉES PAR EUGÈNE FROMENT

PARIS

ÉDOUARD PELLETAN, ÉDITEUR

125, BOULEVARD SAINT-GERMAIN, 125

M DCCC XCIX

Je n'ai commencé d'avoir des souvenirs que fort tard. L'impérieux devoir qui m'obligea, durant les années de ma jeunesse, à résoudre pour mon compte, non avec le laisser aller du spéculatif, mais avec la fièvre de celui qui lutte pour la vie, les plus hauts problèmes de la philosophie et de la religion, ne me laissait pas un quart d'heure pour regarder en arrière. Jeté ensuite dans le courant de mon siècle, que j'ignorais totalement, je me trouvai en face d'un spectacle en réalité aussi nouveau pour moi que le serait la société de Saturne ou de Vénus pour ceux à qui il serait

 PRIÈRE SUR L'ACROPOLE

donné de la voir. Je trouvais tout cela faible, inférieur moralement à ce que j'avais vu à Issy et à Saint-Sulpice; cependant la supériorité de science et de critique d'hommes tels qu'Eugène Burnouf, l'incomparable vie qui s'exhalait de la conversation de M. Cousin, la grande rénovation que l'Allemagne opérait dans presque toutes les sciences historiques, puis les voyages, puis l'ardeur de produire, m'entraînèrent et ne me permirent pas de songer à des années qui étaient déjà loin de moi. Mon séjour en Syrie m'éloigna encore davantage de mes anciens souvenirs. Les sensations entièrement nouvelles que j'y trouvai, les visions que j'y eus d'un monde divin, étranger à nos froides et mélancoliques contrées, m'absorbèrent tout entier. Mes rêves, pendant quelque temps, furent la chaîne brûlée de Galaad, le pic de Safed, où apparaîtra le Messie; le Carmel et ses champs d'anémones semés par Dieu; le gouffre d'Aphaca, d'où sort le fleuve Adonis. Chose singulière! ce fut

 PRIÈRE SUR L'ACROPOLE

à Athènes, en 1865, que j'éprouvai pour la première fois un vif sentiment de retour en arrière, un effet comme celui d'une brise fraîche, pénétrante, venant de très loin.

L'impression que me fit Athènes est de beaucoup la plus forte que j'aie jamais ressentie. Il y a un lieu où la perfection existe; il n'y en a pas deux: c'est celui-là. Je n'avais jamais rien imaginé de pareil. C'était l'idéal cristallisé en marbre pentélique qui se montrait à moi. Jusque-là, j'avais cru que la perfection n'est pas de ce monde; une seule révélation me paraissait se rapprocher de l'absolu. Depuis longtemps, je ne croyais plus au miracle, dans le sens propre du mot; cependant la destinée unique du peuple juif, aboutissant à Jésus et au christianisme, m'apparaissait comme quelque chose de tout à fait à part. Or, voici qu'à côté du miracle juif venait se placer pour moi le miracle grec, une chose qui n'a existé qu'une fois, qui ne s'était jamais vue, qui ne se reverra plus,

 PRIÈRE SUR L'ACROPOLE

mais dont l'effet durera éternellement, je veux dire un type de beauté éternelle, sans nulle tache locale ou nationale. Je savais bien, avant mon voyage, que la Grèce avait créé la science, l'art, la philosophie, la civilisation; mais l'échelle me manquait. Quand je vis l'Acropole, j'eus la révélation du divin, comme je l'avais eue la première fois que je sentis vivre l'Évangile, en apercevant la vallée du Jourdain des hauteurs de Casyoun. Le monde entier alors me parut barbare. L'Orient me choqua par sa pompe, son ostentation, ses impostures. Les Romains ne furent que de grossiers soldats; la majesté du plus beau Romain, d'un Auguste, d'un Trajan, ne me sembla que pose auprès de l'aisance, de la noblesse simple de ces citoyens fiers et tranquilles. Celtes, Germains, Slaves m'apparurent comme des espèces de Scythes consciencieux, mais péniblement civilisés. Je trouvai notre moyen âge sans élégance ni tournure, entaché de fierté déplacée et de pédantisme.

 PRIÈRE SUR L'ACROPOLE

Charlemagne m'apparut comme un gros palefrenier allemand; nos chevaliers me semblèrent des lourdauds, dont Thémistocle et Alcibiade eussent souri. Il y a eu un peuple d'aristocrates, un public tout entier composé de connaisseurs, une démocratie qui a saisi des nuances d'art tellement fines que nos raffinés les aperçoivent à peine. Il y a eu un public pour comprendre ce qui fait la beauté des Propylées et la supériorité des sculptures du Parthénon. Cette révélation de la grandeur vraie et simple m'atteignit jusqu'au fond de l'être. Tout ce que j'avais connu jusque-là me sembla l'effort maladroit d'un art jésuitique, un rococo composé de pompe niaise, de charlatanisme et de caricature.

C'est principalement sur l'Acropole que ces sentiments m'assiégeaient. Un excellent architecte avec qui j'avais voyagé avait coutume de me dire que, pour lui, la vérité des dieux était en proportion de la beauté solide des temples qu'on leur a élevés. Jugée sur ce

 PRIÈRE SUR L'ACROPOLE

pied-là, Athéné serait au-dessus de toute rivalité. Ce qu'il y a de surprenant, en effet, c'est que le beau n'est ici que l'honnêteté absolue, la raison, le respect même envers la divinité. Les parties cachées de l'édifice sont aussi soignées que celles qui sont vues. Aucun de ces trompe-l'œil qui, dans nos églises en particulier, sont comme une tentative perpétuelle pour induire la divinité en erreur sur la valeur de la chose offerte. Ce sérieux, cette droiture, me faisaient rougir d'avoir plus d'une fois sacrifié à un idéal moins pur. Les heures que je passais sur la colline sacrée étaient des heures de prière. Toute ma vie repassait, comme une confession générale, devant mes yeux. Mais ce qu'il y avait de plus singulier, c'est qu'en confessant mes péchés, j'en venais à les aimer; mes résolutions de devenir classique finissaient par me précipiter plus que jamais au pôle opposé. Un vieux papier que je retrouve parmi mes notes de voyage contient ceci :

PRIÈRE QUE JE FIS SUR L'A-
CROPOLE QUAND JE FUS
ARRIVÉ A EN COMPREN-
DRE LA PARFAITE BEAUTÉ

PRIERE SVR

Ô NOBLESSE! ô BEAUTÉ SIMPLE ET VRAIE! déesse dont le culte signifie raison et sagesse, toi dont le temple est une leçon éternelle de conscience et de sincérité, j'arrive tard au seuil de tes mystères; j'apporte à ton autel beaucoup de remords. Pour te trouver, il m'a fallu des recherches infinies. L'initia-

L'ACROPOLE

tion que tu conférais à l'Athénien naissant par un sourire, je l'ai conquise à force de réflexions, au prix de longs efforts.

Je suis né, déesse aux yeux bleus, de parents barbares, chez les Cimmériens bons et vertueux qui habitent au bord d'une mer sombre, hérissée de rochers, toujours battue par les orages. On y connaît à peine le soleil; les fleurs sont les mousses marines, les algues et les coquillages coloriés qu'on trouve au fond des baies solitaires. Les nuages y paraissent sans couleur, et la joie même y est un peu

PRIERE SVR

triste; mais des fontaines d'eau froide y sortent du rocher, et les yeux des jeunes filles y sont comme ces vertes fontaines où, sur des fonds d'herbes ondulées, se mire le ciel.

Mes pères, aussi loin que nous pouvons remonter, étaient voués aux navigations lointaines, dans des mers que tes Argonautes ne connurent pas. J'entendis, quand j'étais jeune, les chansons des voyages polaires; je fus bercé au souvenir des glaces flottantes, des mers brumeuses semblables à du lait, des îles peuplées d'oiseaux qui chantent à leurs heures et qui, prenant

L'ACROPOLE

leur volée tous ensemble, obscurcissent le ciel.

Des prêtres d'un culte étranger, venu des Syriens de Palestine, prirent soin de m'élever. Ces prêtres étaient sages et saints. Ils m'apprirent les longues histoires de Cronos, qui a créé le monde, et de son fils, qui a, dit-on, accompli un voyage sur la terre. Leurs temples sont trois fois hauts comme le tien, ERECHTHEION, et semblables à des forêts; seulement ils ne sont pas solides; ils tombent en ruine au bout de cinq ou six cents ans; ce sont des fantaisies de barbares, qui

PRIERE SVR

s'imaginent qu'on peut faire quelque chose de bien en dehors des règles que tu as tracées à tes inspirés, ô RAISON. Mais ces temples me plaisaient; je n'avais pas étudié ton art divin; j'y trouvais Dieu. On y chantait des cantiques dont je me souviens encore : « Salut, étoile de la » mer,... reine de ceux qui gé- » missent en cette vallée de lar- » mes », ou bien : « Rose mystique, » Tour d'ivoire, Maison d'or, Étoile » du matin... » Tiens, déesse, quand je me rappelle ces chants, mon cœur se fond, je deviens presque apostat. Pardonne-moi ce ridicule; tu ne peux

L'ACROPOLE

te figurer le charme que les magiciens barbares ont mis dans ces vers, et combien il m'en coûte de suivre la raison toute nue.

Et puis si tu savais combien il est devenu difficile de te servir ! Toute noblesse a disparu. Les Scythes ont conquis le monde. Il n'y a plus de république d'hommes libres; il n'y a plus que des rois issus d'un sang lourd, des majestés dont tu sourirais. De pesants Hyperboréens appellent légers ceux qui te servent... Une *pambéotie* redoutable, une ligue de toutes les sottises, étend sur le monde un couvercle de plomb,

PRIERE SVR

sous lequel on étouffe. Même ceux qui t'honorent, qu'ils doivent te faire pitié ! Te souviens-tu de ce Calédonien qui, il y a cinquante ans, brisa ton temple à coups de marteau pour l'emporter à Thulé ? Ainsi font-ils tous… J'ai écrit, selon quelques-unes des règles que tu aimes, ô THEONOE, la vie du jeune dieu que je servis dans mon enfance ; ils me traitent comme un Évhémère ; ils m'écrivent pour me demander quel but je me suis proposé ; ils n'estiment que ce qui sert à faire fructifier leurs tables de trapézites. Et pourquoi écrit-on la vie des dieux, ô ciel ! si ce n'est pour

L'ACROPOLE

faire aimer le divin qui fut en eux, et pour montrer que ce divin vit encore et vivra éternellement au cœur de l'humanité?

Te rappelles-tu ce jour, sous l'archontat de Dionysodore, où un laid petit Juif, parlant le grec des Syriens, vint ici, parcourut tes parvis sans te comprendre, lut tes inscriptions tout de travers et crut trouver dans ton enceinte un autel dédié à un dieu qui serait *le Dieu inconnu*. Eh bien, ce petit Juif l'a emporté; pendant mille ans, on t'a traitée d'idole, ô VÉRITÉ ; pendant mille ans, le monde a été un désert

PRIERE SVR

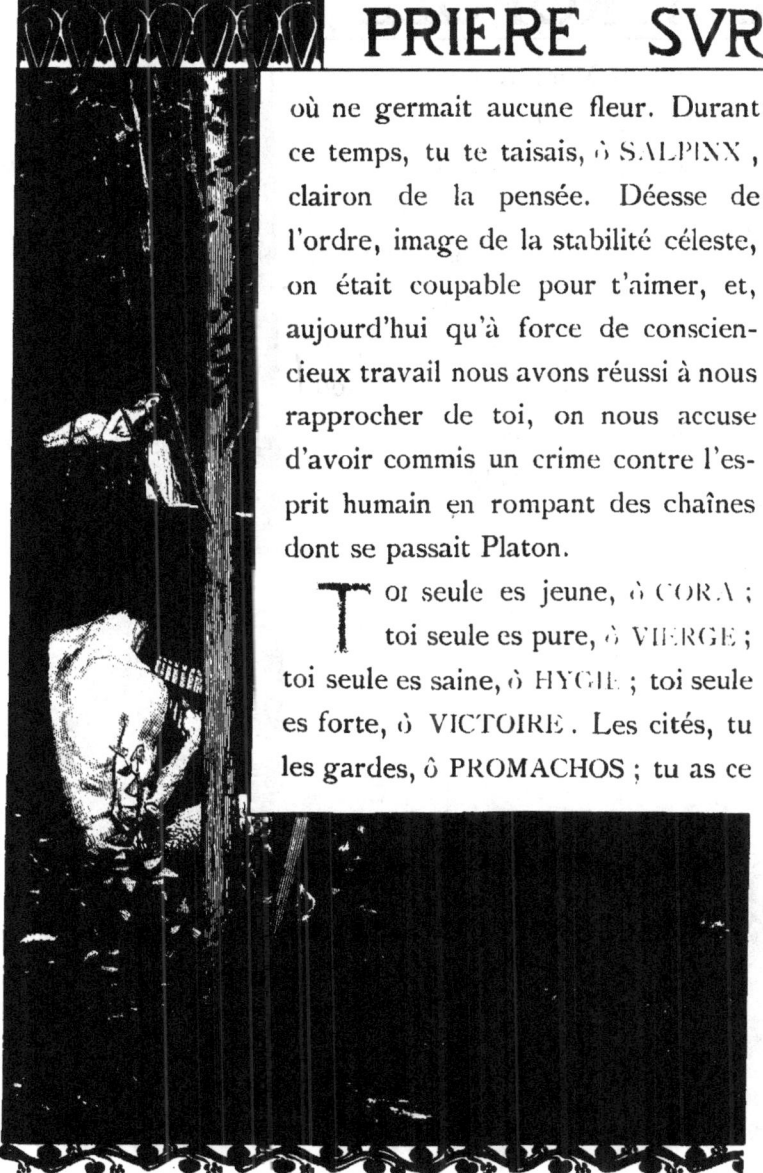

où ne germait aucune fleur. Durant ce temps, tu te taisais, ô SALPINX, clairon de la pensée. Déesse de l'ordre, image de la stabilité céleste, on était coupable pour t'aimer, et, aujourd'hui qu'à force de consciencieux travail nous avons réussi à nous rapprocher de toi, on nous accuse d'avoir commis un crime contre l'esprit humain en rompant des chaînes dont se passait Platon.

Toi seule es jeune, ô CORA ; toi seule es pure, ô VIERGE ; toi seule es saine, ô HYGIE ; toi seule es forte, ô VICTOIRE. Les cités, tu les gardes, ô PROMACHOS ; tu as ce

L'ACROPOLE

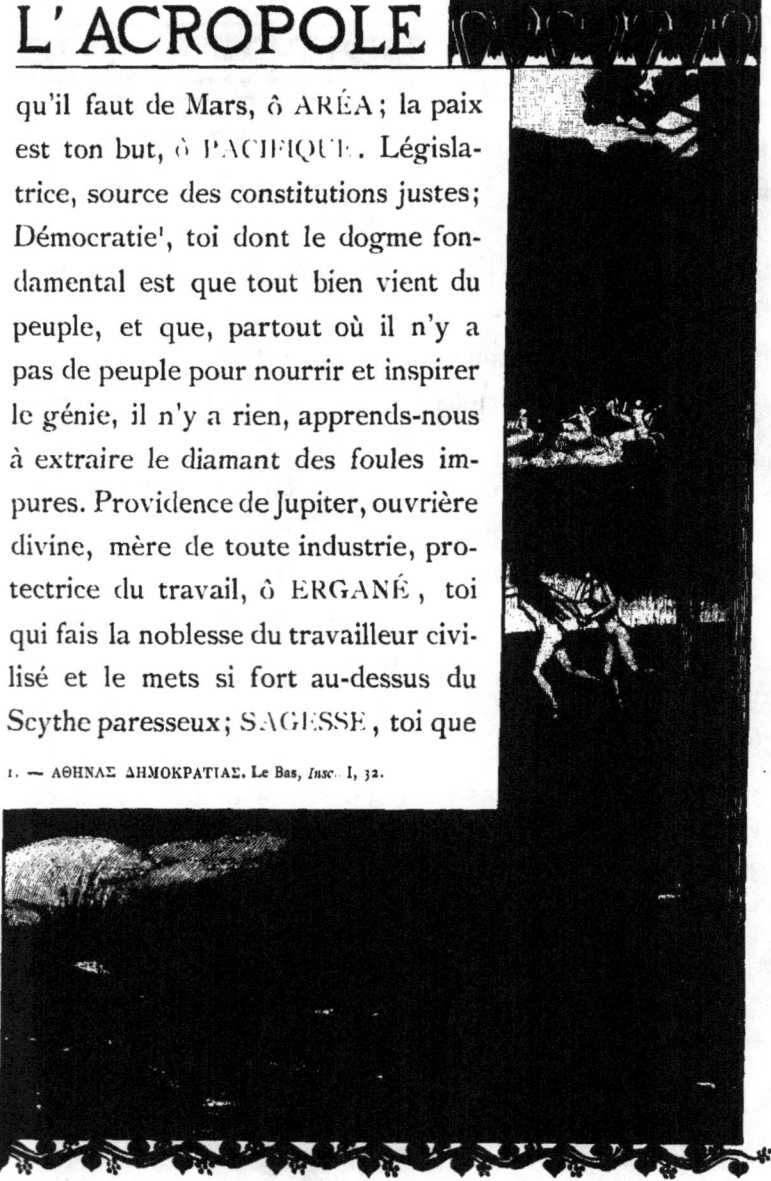

qu'il faut de Mars, ô ARÉA ; la paix est ton but, ô PACIFIQUE. Législatrice, source des constitutions justes; Démocratie[1], toi dont le dogme fondamental est que tout bien vient du peuple, et que, partout où il n'y a pas de peuple pour nourrir et inspirer le génie, il n'y a rien, apprends-nous à extraire le diamant des foules impures. Providence de Jupiter, ouvrière divine, mère de toute industrie, protectrice du travail, ô ERGANÉ, toi qui fais la noblesse du travailleur civilisé et le mets si fort au-dessus du Scythe paresseux; SAGESSE, toi que

1. — ΑΘΗΝΑΣ ΔΗΜΟΚΡΑΤΙΑΣ. Le Bas, *Insc.* I, 32.

25

PRIERE SVR

Zeus enfanta après s'être replié sur lui-même, après avoir respiré profondément; toi qui habites dans ton père, entièrement unie à son essence; toi qui es sa compagne et sa conscience; Energie de Zeus, étincelle qui allumes et entretiens le feu chez les héros et les hommes de génie, fais de nous des spiritualistes accomplis. Le jour où les Athéniens et les Rhodiens luttèrent pour le sacrifice, tu choisis d'habiter chez les Athéniens, comme plus sages. Ton père cependant fit descendre Plutus dans un nuage d'or sur la cité des Rhodiens, parce qu'ils avaient aussi rendu hommage à sa

L'ACROPOLE

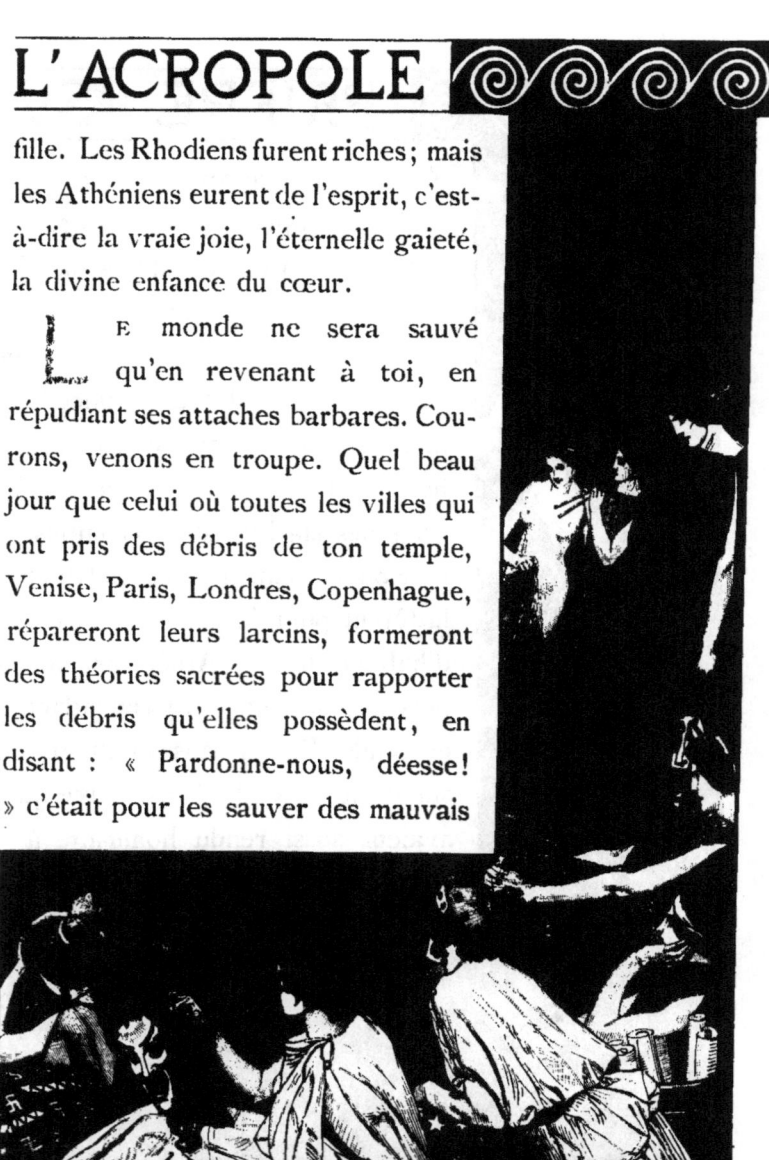

fille. Les Rhodiens furent riches; mais les Athéniens eurent de l'esprit, c'est-à-dire la vraie joie, l'éternelle gaieté, la divine enfance du cœur.

Le monde ne sera sauvé qu'en revenant à toi, en répudiant ses attaches barbares. Courons, venons en troupe. Quel beau jour que celui où toutes les villes qui ont pris des débris de ton temple, Venise, Paris, Londres, Copenhague, répareront leurs larcins, formeront des théories sacrées pour rapporter les débris qu'elles possèdent, en disant : « Pardonne-nous, déesse ! » c'était pour les sauver des mauvais

PRIERE SVR

» génies de la nuit, » et rebâtiront tes murs au son de la flûte, pour expier le crime de l'infâme Lysandre! Puis ils iront à Sparte maudire le sol où fut cette maîtresse d'erreurs sombres, et l'insulter parce qu'elle n'est plus.

FERME en toi, je résisterai à mes fatales conseillères; à mon scepticisme, qui me fait douter du peuple; à mon inquiétude d'esprit, qui, quand le vrai est trouvé, me le fait chercher encore; à ma fantaisie, qui, après que la raison a prononcé, m'empêche de me tenir en repos. O ARCHÉGÈTE,

L'ACROPOLE

idéal que l'homme de génie incarne en ses chefs-d'œuvre, j'aime mieux être le dernier dans ta maison que le premier ailleurs. Oui, je m'attacherai au stylobate de ton temple; j'oublierai toute discipline hormis la tienne, je me ferai stylite sur tes colonnes, ma cellule sera sur ton architrave. Chose plus difficile! pour toi, je me ferai, si je peux, intolérant, partial. Je n'aimerai que toi. Je vais apprendre ta langue, désapprendre le reste. Je serai injuste pour ce qui ne te touche pas; je me ferai le serviteur du dernier de tes fils. Les habitants actuels de la terre que tu

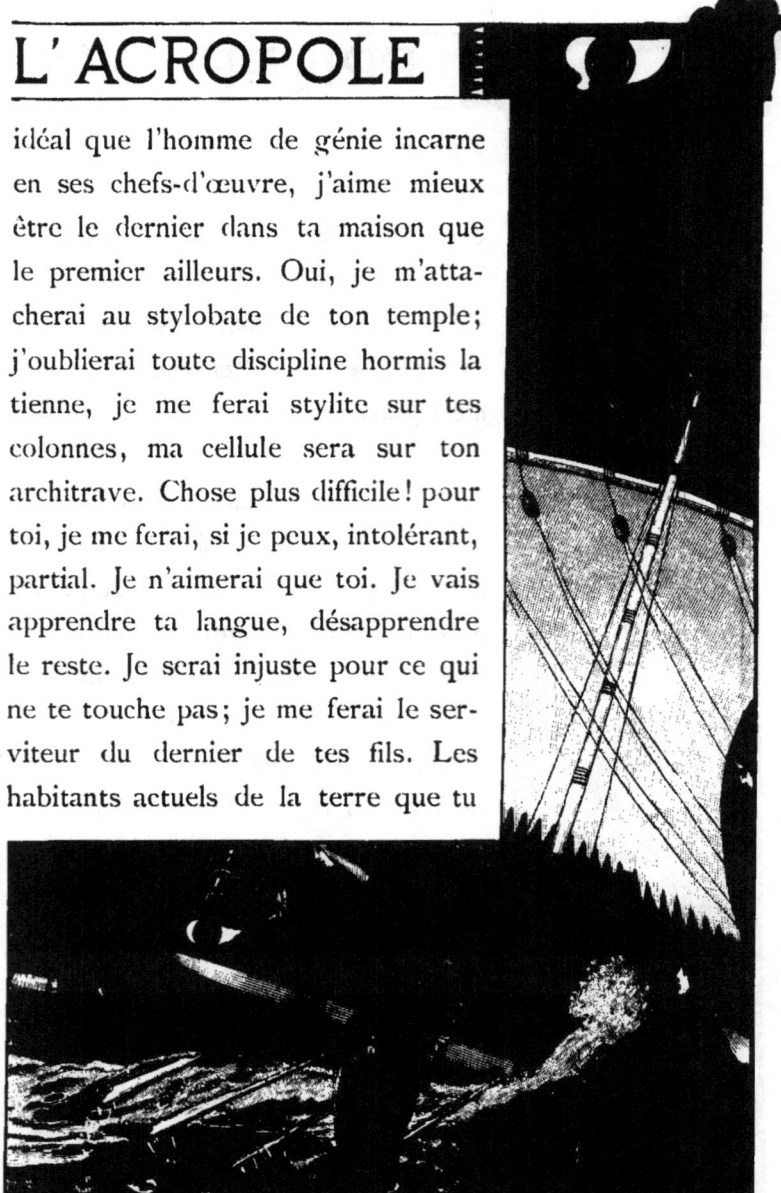

PRIERE SVR

donnas à Érechthée, je les exalterai, je les flatterai. J'essayerai d'aimer jusqu'à leurs défauts; je me persuaderai, ô HIPPIA, qu'ils descendent des cavaliers qui célèbrent là-haut, sur le marbre de ta frise, leur fête éternelle. J'arracherai de mon cœur toute fibre qui n'est pas raison et art pur. Je cesserai d'aimer mes maladies, de me complaire en ma fièvre. Soutiens mon ferme propos, ô SALUTAIRE; aide-moi, ô qui sauves!

Que de difficultés, en effet, je prévois! que d'habitudes d'esprit j'aurai à changer! que de

L'ACROPOLE

souvenirs charmants je devrai arracher de mon cœur! J'essayerai; mais je ne suis pas sûr de moi. Tard je t'ai connue, beauté parfaite. J'aurai des retours, des faiblesses. Une philosophie, perverse sans doute, m'a porté à croire que le bien et le mal, le plaisir et la douleur, le beau et le laid, la raison et la folie se transforment les uns dans les autres par des nuances aussi indiscernables que celles du cou de la colombe. Ne rien aimer, ne rien haïr absolument, devient alors une sagesse. Si une société, si une philosophie, si une religion eût possédé la vérité ab-

PRIERE SVR

solue, cette société, cette philosophie, cette religion, aurait vaincu les autres et vivrait seule à l'heure qu'il est. Tous ceux qui, jusqu'ici, ont cru avoir raison se sont trompés, nous le voyons clairement. Pouvons-nous sans folle outrecuidance croire que l'avenir ne nous jugera pas comme nous jugeons le passé? Voilà les blasphèmes que me suggère mon esprit profondément gâté. Une littérature qui, comme la tienne, serait saine de tout point n'exciterait plus maintenant que l'ennui.

Tu souris de ma naïveté. Oui, l'ennui... Nous sommes cor-

L'ACROPOLE

rompus : qu'y faire ? J'irai plus loin, déesse orthodoxe, je te dirai la dépravation intime de mon cœur. Raison et bon sens ne suffisent pas. Il y a de la poésie dans le Strymon glacé et dans l'ivresse du Thrace. Il viendra des siècles où tes disciples passeront pour les disciples de l'ennui.

LE monde est plus grand que tu ne crois. Si tu avais vu les neiges du pôle et les mystères du ciel austral, ton front, ô DÉESSE toujours calme, ne serait pas si serein ; ta tête, plus large, embrasserait divers genres de beauté.

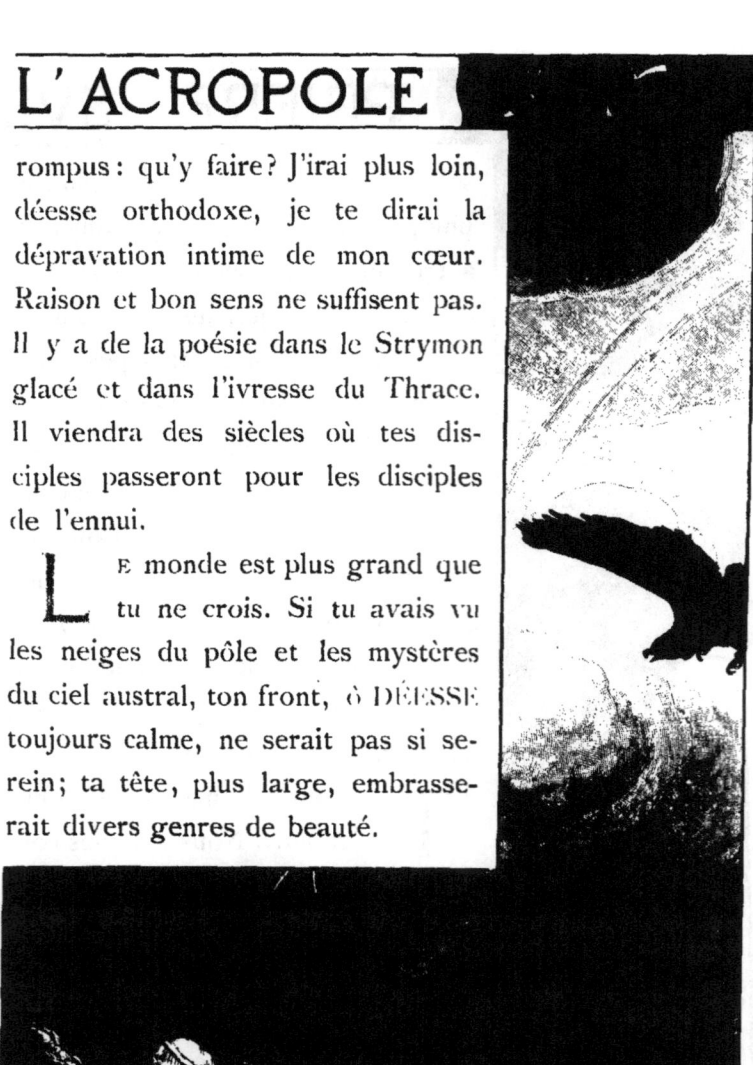

PRIERE SVR

Tu es vraie, pure, parfaite; ton marbre n'a point de tache; mais le temple d'Hagia-Sophia, qui est à Byzance, produit aussi un effet divin avec ses briques et son plâtras. Il est l'image de la voûte du ciel. Il croulera; mais, si ta cella devait être assez large pour contenir une foule, elle croulerait aussi.

Vn immense fleuve d'oubli nous entraîne dans un gouffre sans nom. O ABIME, tu es le Dieu unique. Les larmes de tous les peuples sont de vraies larmes; les rêves de tous les sages renferment une part de vérité. Tout n'est ici-bas que

L'ACROPOLE

symbole et que songe. Les dieux passent comme les hommes, et il ne serait pas bon qu'ils fussent éternels. La foi qu'on a eue ne doit jamais être une chaîne. On est quitte envers elle quand on l'a soigneusement roulée dans le linceul de pourpre où dorment les dieux morts.

TABLE DES GRAVURES

Dédicace. — Ornements.	III
Athéna Parthénos	v
Frontispice. — Athènes	3
Ernest Renan. — Médaillon d'après J.-C. Chaplain.	7
En-tête. — Ornements bretons.	9
Titres courants. — Ornements bretons	10 à 14
Faux titre. — L'Acropole	15
Les Panathénées	16 et 17
Niké, déesse de la Victoire.	18 et 19
Les Jeux Olympiques. — Le retour du vainqueur.	20 et 21
Dèmèter. — Les Thesmophories	22 et 23

TABLE DES GRAVURES

Pan. . . . . 24 et 25
Phoibos-Apollon et les Muses. . . . . 26 et 27
Poséidon . . . . 28 et 29
Aphrodite. — La fête d'Adonis. . . . . . . 30 et 31
Zeus . . . . 32 et 33
Le Styx. — Hadès et Perséphone ; Hypnos . 34 et 35
Trépied 36
En-tête de la table des gravures. — Hibou archaïque dans
   un ornement. 39
Cul-de-lampe. — Masque archaïque. 40
En-tête de l'achevé d'imprimer. — Bandeau décoratif . . 41
Cul-de-lampe. — Ornement. 42

Les gravures ont été tirées en deux couleurs (noir et brique).

Cette édition a été établie par Édouard Pelletan, avec le concours de Bellery-Desfontaines pour les compositions, de Eugène Froment pour la gravure et de E. Huvé pour les caractères typographiques.

Tirée à quatre cents exemplaires numérotés en chiffres arabes, et quarante de présent en chiffres romains, elle a été achevée d'imprimer par Lahure, le 25 juillet 1899, Ouivet étant prote, Marpon et Dupont, pressiers.

www.ingramcontent.com/pod-product-compliance
Lightning Source LLC
Chambersburg PA
CBHW060515050426
42451CB00009B/995